ÉTABLISSEMENT

D'UN

ORDRE CIVIQUE

EN FRANCE.

MÉMOIRE

Présenté à la Chambre des Députés

PAR M. JOUSLIN DE LASALLE.

Nobilitas sola est atque unica virtus.
JUVÉNAL, *Sat. VIII.*

———

A PARIS,

DE L'IMPRIMERIE DE PILLET,

RUE CHRISTINE, N° 5.

1817.

DE L'IMPRIMERIE DE PILLET.

ÉTABLISSEMENT

D'UN

ORDRE CIVIQUE

EN FRANCE.

———

Messieurs,

Permettez à un ami de l'humanité de faire entendre sa faible voix dans le sanctuaire où siégent les représentans de la nation, pour rappeler un instant leur attention sur un objet éminemment national ; je veux parler de l'établissement en France d'un *Ordre civique.* Ce projet, déjà conçu quelques années avant la révolution par M. Delacroix, avocat au parlement, ne fixa point alors la sollicitude des hommes d'Etat. A cette époque, la fermentation commençait à germer dans toutes les têtes ; depuis, les crises successives, les commotions populaires, les bouleversemens et les guerres continuelles que les Français

eurent à éprouver et à soutenir, ont pu dis=
traire de cet objet important les regards d'un
gouvernement occupé de conquêtes. Mais aujourd'hui que la paix rend le calme et la tran-
quillité à nos provinces; aujourd'hui, sur-tout,
où, après un aussi grand fracas, chacun re-
vient prendre sa place au sein de sa famille;
lorsqu'après tant de pertes éprouvées nous
avons encore tant d'obligations à remplir; au
moment où l'homme riche devient dur par
nécessité, et le pauvre plus malheureux et
plus à plaindre encore, n'est-il pas du devoir
de tout Français de chercher à réveiller la
sollicitude et l'attention des hommes puissans,
et de fixer leurs regards sur un établissement
si utile et si patriotique?

En effet, qu'est le patriotisme? Un désir
ardent de servir ses concitoyens, de contribuer à leur bien-être, et d'assurer leur repos
et leur bonheur. Ce désir tient à l'amour de
la patrie pour elle-même, comme le prouvent
les ames nobles et pures; et, tandis que les
égoïstes les plus vils n'aiment leur patrie que
pour leurs intérêts, ses vrais amis sont toujours prêts à sacrifier pour elle leurs intérêts
les plus chers. Mais, pour aimer sa patrie, il
faut y vivre heureux et content de son sort:
« des souverains seuls dépend le bonheur des

peuples » (nous dit l'auteur immortel de *l'Es-prit des Lois.*) Les princes ne doivent donc rien négliger pour que la douceur et la sagesse de leur gouvernement attache les peuples à leur patrie.

Deux ennemis puissans du bonheur des peuples, il est vrai : la trop grande inégalité de fortune et le luxe personnel, qui en est la suite, seront toujours un obstacle que trouveront les hommes d'état sur leur route, jusqu'à ce que le Gouvernement crée et protège de sages institutions qui soient la honte du méchant et l'honneur des honnêtes gens : en serait-il une plus digne du siècle où nous vivons, que celle qui aurait pour objet de conserver l'espèce humaine et de propager la bienfaisance, et, par-là, qui tendrait à faire tourner les richesses vers l'emploi le plus utile à la société ?

Les hommes riches ont deux manières de jouir de leurs revenus, et, pour ainsi dire, deux sortes de luxe dont les effets sont absolument opposés. * « Il y a un luxe personnel » et destructeur qui corrompt ceux qui en

* Voyez l'excellent Discours sur les moyens de faire naître le patriotisme dans une monarchie, par M. Ma-thon de Lacour.

» jouissent, scandalise et révolte ceux qui en
» sont les témoins. C'est ce genre de luxe
» qui couvre nos tables de mille mets inu-
» tiles et contraires à la santé, sacrifie tous
» les jours le bonheur même à la vanité,
» dépeuple les campagnes pour multiplier
» des valets oisifs, fait raser des villages
» pour étendre un parc ou prolonger des
» avenues; luxe qui énerve le corps, affai-
» blit les ames, émousse les sens. Il ne con-
» naît point de bornes, parce que les besoins
» imaginaires n'en ont jamais. Dès-lors, celui
» qui s'y livre devient injuste et dur; et il
» n'est point de bassesses dont il ne soit ca-
» pable pour ajouter à ses richesses. Obser-
» vez ses effets, vous verrez les véritables
» sources de la reproduction des richesses
» languissantes et taries, toutes les condi-
» tions fondues s'épuiser et s'appauvrir par
» une rivalité insensée, des négocians infi-
» dèles courir à leur perte par une ambition
» démesurée; d'autres quitter un commerce
» utile et honorable par l'appât momentané
» d'un agiotage honteux; partout des hommes
» corrompus par l'intérêt ou accablés de
» dettes : les grands, ruinés ; les artistes, sans
» ressources, les familles même divisées,
» parce que le luxe des femmes contrarie

» celui des maris, et que celui des enfans ne
» peut se concilier avec celui des pères. »
Mais laissons loin de nous ce tableau affli-
geant!........ Cherchons à lui opposer celui de
tems plus heureux, où la vertu, devenue la
seule noblesse, servira de distinctions et
d'honneurs. Les richesses alors seront consa-
crées à un luxe public et plus honorable,
bien différent dans ses effets de ce luxe personnel dont on vient de montrer les suites
funestes. C'est alors qu'on verra des hommes
employer leur fortune au bien de leur ville ;
des magistrats donner les premiers cet exemple ; des ecclésiastiques prouver par leur
conduite et leurs actions, par leur charité
douce et bienfaisante, qu'ils sont réellement
faits pour le bonheur des peuples ; des géné-
raux fournir eux-mêmes la paie de leurs soldats ; de simples citoyens, enfin, établir des
hôpitaux, fonder des colléges, soutenir des
orphelins, élever des édifices publics !

Je m'aperçois, un peu tard sans doute,
que je me suis écarté de mon sujet ; je m'em-
presse, Messieurs, de revenir au projet que
je vous soumets en ce jour. J'aurais peut-être
dû me borner à n'employer que les idées et
les paroles de son auteur, M. Delacroix ; mais
comment peut-on toucher à la cause des in-

fortunés sans faire entendre sa faible voix ? Un écrivain n'a que ses pensées à offrir dans le soulagement des misères humaines ; il croit acquitter sa dette lorsqu'il en trace le tableau , et qu'il y répand les mouvemens et les vœux de son ame.

Revenons donc à l'établissement d'un *Ordre civique* en France , et laissons parler M. Delacroix lui-même sur ce sujet ; les malheureux ne sauraient choisir un meilleur interprète.

« La grande population est un si riche
» ornement pour un Etat ! le tableau d'un
» peuple heureux par son travail donne un
» si bel aspect à un gouvernement ! il lui
» procure de si puissans avantages , il lui four-
» nit tant de ressources , qu'on ne peut
» trop ménager la vie des sujets qui existent
» dans un Empire. Cependant , combien n'en
» meurt-il pas par l'indifférence de ceux qui
» auraient pu prolonger leur existence ! Ici ,
» ce sont des villageois qui , réduits à l'inac-
» tion pendant l'hiver , finissent par déserter
» les campagnes. Les plus honnêtes se trans-
» forment en mendians ; les autres se livrent
» au brigandage , jusqu'à ce que la main de la
» justice les saisisse et les livre à la mort ;
» là , ce sont d'autres journaliers qu'une épi-

» démie, suite de mauvais alimens, poursuit
» de foyers en foyers, et ravit à la culture.
» Dans nos villes, c'est bien pis encore.
» Pendant que l'opulence court de cercles
» en cercles, de plaisirs en plaisirs, elle
» ignore combien le chagrin homicide, la
» faim, le froid, tuent de misérables. Les
» ministres de la religion, chargés de re-
» plonger dans le sein de la terre ces dé-
» pouilles mortelles, savent seuls ce qu'un
» hiver rigoureux enlève d'artisans, de pères
» de famille, d'enfans qui auraient pu de-
» venir de robustes soldats, d'utiles matelots,
» si l'on eût pris à leur conservation le soin
» qu'un propriétaire donne aux esclaves qui
» forment sa richesse. D'où provient cette
» funeste indifférence pour le pauvre ? De ce
» qu'on croit ne rien gagner à prolonger ses
» jours, ni ne rien perdre à le laisser mourir.
» Cette chaîne d'affections qui devrait unir
» tous les êtres d'une même espèce est rom-
» pue, il y a long-tems, par l'espèce humaine.
» Les administrateurs les plus récompensés,
» les seigneurs les plus honorés ne sont pas
» ceux qui s'occupent d'écarter des villages,
» des cités, les causes de la dépopulation. Le
» général qui, pour la conquête d'une place

» bientôt abandonnée , a fait perdre le jour
» à dix mille combattans , est couvert de
» gloire , de distinctions ; et le citoyen paisi-
» ble qui a surveillé l'existence de mille or-
» phelins , et qui en a sauvé la moitié du danger
» d'une indifférence mercenaire , demeure
» ignoré ; il n'y a que son cœur de satisfait.

» Il ne faut pas cependant calomnier l'hu-
» manité en voulant la servir. Nous avons vu
» pour elle des actes de courage et de dé-
» vouement qui surpassent tout ce que l'on
» nous a transmis de plus étonnant à l'hon-
» neur de l'antiquité. * Le Gouvernement n'a

* En rappelant les actions de bienfaisance qui ont
illustré la nation française, l'histoire ne manquera pas
sans doute d'accorder quelques pages à l'année 1817.
Cette année, le Gouvernement a, le premier, donné
l'exemple : partout furent établis des bureaux de charité ; partout le pauvre trouva des secours et des sou-
lagemens ; les riches s'associèrent avec empressement à
ces actes de bienfaisance, et partout une partie des citoyens fut soutenue par l'autre. Je sortirais des bornes
de ce mémoire en voulant rappeler le nom des hommes
qui ont mérité la reconnaissance de la nation par leur
humanité : les *journaux* ont retenti de leurs actions et de
leurs éloges ; il me suffira de dire qu'il n'est point de
province, point de département, point de ville, en un

» pas laissé sans récompense ces actions écla-
» tantes. Mais pour un homme qui se préci-
» pite dans les eaux ou qui brave l'ardeur des
» flammes afin de sauver un malheureux prêt
» à périr , combien ne voyons-nous pas de ri-
» ches qui demeurent insensibles sur le sort
» d'une pauvre famille qui a perdu le chef
» qui la nourrissait, ou lisent avec indiffé-
» rence le récit d'un désastre qui plonge dans
» la misère les habitans d'un village? Une des
» plus belles institutions de Louis XIV, c'est
» celle de l'ordre militaire. Que de braves
» officiers cette distinction n'a-t-elle pas sou-
» tenus dans la carrière périlleuse des armes!
» Pourquoi n'instituerait-t-on pas un *Ordre ci-*
» *vique* en faveur des citoyens qui servent l'E-
» tat par leurs talens et leurs vertus ? Un *mé-*
» *decin* qui aurait exercé son art gratuitement
» et avec succès pendant vingt-cinq ans , dans
» les villes et les campagnes ; un *avocat* qui
» aurait avec désintéressement éteint des pro-
» cès , et se serait montré, pendant le même
» nombre d'années, le conseil des malheu-
» reux ; un *cultivateur* qui aurait nourri ,

mot, qui n'ait fourni quelque exemple de cet héroïsme
national.

» formé aux travaux de l'agriculture de jeunes
» orphelins, auxquels il aurait ensuite aban-
» donné des défrichemens ; un *grand proprié-*
» *taire* qui se serait dérobé au luxe, au plaisir
» des villes, pour ouvrir aux pauvres ses gre-
» niers dans des années de disette, qui aurait
» fait dessécher à ses frais des marais mal
» sains, qui aurait pris sur lui la charge de
» l'impôt, si accablante pour un journalier ;
» un *négociant* qui, après avoir fait cons-
» truire un certain nombre d'ateliers, les au-
» rait distribués à des artisans dont il aurait
» payé la *maîtrise ;* un *célibataire* qui, tous les
» ans, aurait, sur son revenu, formé des unions
» légitimes, sans en abandonner la postérité
» aux misères de la vie, n'auraient-ils pas tous
» les droits à une distinction honorable. *

* Ne pourrait-on pas ajouter à cette liste le *magis-
trat* qui, pendant vingt années, aurait acquis, par sa conduite et son désintéressement, l'estime de ses concitoyens ; l'*administrateur* qui, pendant le même espace
de tems, aurait cherché tous les moyens d'améliorer le
sort de ses administrés ; qui, par ses vues justes et ses
économies, aurait rendu la splendeur à la ville ou au
canton confié à ses soins ; *les officiers et soldats* de cette
garde nationale qui, tant de fois, a montré son zèle
pour le bien public ; ces *auteurs* qui, dans leurs ouvra-

» Il est beau, sans doute , de faire du bien
» sans espoir de récompense; mais n'est-ce
» pas avoir une trop haute idée du cœur de
» l'homme , que d'en attendre une bienfai-
» sance durable dans le silence de l'obscu-
» rité? Si cette flamme n'est pas alimentée ,
» bientôt elle s'éteint après avoir produit un
» éclat passager.

» Honorons la vertu , si nous voulons que
» son activité se perpétue. On connaît ce
» qu'a produit au village de *Salency* une
» simple couronne de roses accordée à l'in-
» nocence.

» La vanité , dira-t-on , surprendra des
» honneurs ; et , quand cela serait vrai , quel
» inconvénient en résulterait-il? L'art d'une
» sage administration n'est-il pas de faire
» concourir au bien général toutes les pas-
» sions humaines? Si , en intéressant l'amour-
» propre , on pouvait faire contribuer à la
» prospérité de l'Etat tous ceux sur lesquels
» un sentiment plus sublime n'a pas prise ,

ges , se seraient appliqués à rappeler les œuvres de mo-
rale , ou qui auraient consacré leurs travaux à l'instruction
de la jeunesse ; et , en un mot , tous ceux qu'une noble
émulation dirige vers le bien public ?

» on n'aurait pas encore imaginé d'impôt
» plus salutaire et plus facile à percevoir.

» Un moyen de rendre la bienfaisance hé-
» réditaire, ce serait de graduer les distinc-
» tions et même les priviléges en raison du
» nombre d'aïeux décorés de cet *Ordre ci-*
» *vique*. Une noblesse, gagnée à pareil prix,
» serait moins à charge que celle acquise
» avec de l'argent ou par des occupations
» souvent plus désastreuses qu'utiles.

» Si nous ne pouvons déraciner le préjugé
» qui flétrit les enfans, les proches d'un
» coupable puni par la justice, opposons-lui
» du moins l'éclat d'une noblesse transmise
» par des vertus. »

A la lecture de ce peu de lignes, dictées à
son auteur par l'humanité et la bienfaisance,
tous les Français ne penseront-ils pas avec
nous qu'un pareil projet est de nature à être
réalisé aujourd'hui plus que jamais ; aujour-
d'hui sur-tout, au moment où une paix durable nous promet sans doute de ne plus
connaître d'autre héroïsme que celui qui aura
pour objet de conserver nos semblables au
péril de notre vie et de notre fortune. En
adoptant d'autres vertus, ne faut-il pas créer
d'autres récompenses ? Puissions-nous un

jour rencontrer sur notre passage beaucoup
de sujets qui portent les marques de celle
que nous indiquons. L'hommage que nous
aurons à leur rendre ne nous coûtera jamais ;
il sera toujours doux pour nous d'accorder
nos respects à ceux qui ont de véritables
droits à la reconnaissance publique.

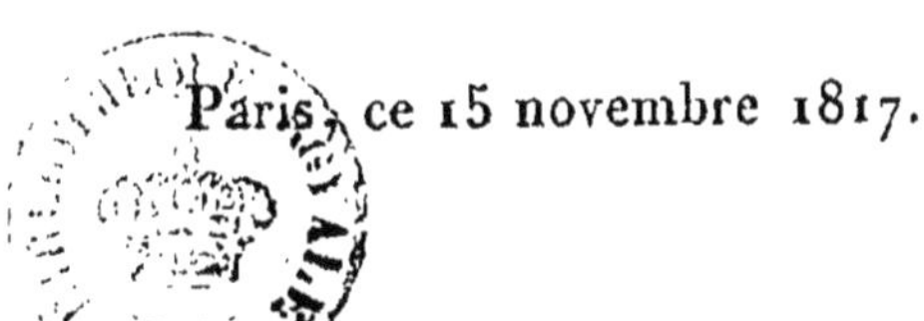

Paris, ce 15 novembre 1817.

www.ingramcontent.com/pod-product-compliance
Ingram Content Group UK Ltd.
Pitfield, Milton Keynes, MK11 3LW, UK
UKHW020124100726
13658UKWH00005B/2362